D1734943

Lyrik aus dem Sperling-Verlag

© 2016 Sperling-Verlag, Schlüsselfeld

Alle Texte
© bei den Autoren
Coverbild
© www.pixabay.com
Coverdesign
© Perdita Klimeck

1. Auflage
ISBN: 978-3-942104-34-0

Neue Wege

Lyrik

Und das Licht des frühen Tages
zeichnet einen Weg aus der Dunkelheit
Mut ihn zu gehen –
fällt jedoch niemals vom Himmel

Inhalt

Liebe Leserin, lieber Leser,

Neue Wege - eine Herausforderung des Lebens. Tagtäglich werden wir mit ihnen konfrontiert. Und das in allen Bereichen. Ein erster Schritt in eine neue Richtung kostet oft Überwindung. Und dabei ist es egal, ob es sich um die Liebe handelt, den Beruf oder die Entscheidung eines Lyrikers sich aus dem, oftmals als Korsett bezeichneten, Reim zu zwängen. Selbst die Wahl eines Croissants, obwohl man sonst immer nur ein normales Brötchen zum Frühstück nimmt, ist ein neuer Weg. Ein unbekannter Weg. Der erst erkundet werden muss.
Um neue Wege zu gehen brauchen wir dennoch nicht immer Mut. Manchmal handeln wir einfach instinktiv. Werfen Altbewährtes hinter uns, wie den Kern einer Kirsche. Und berauschen uns an dem Ergebnis. Oder machen eine Kehrtwende - um eine Erfahrung reicher.

In diesem außergewöhnlichen Gedichtband, haben sich die Autoren und Autorinnen mit neuen Wegen lyrisch auseinandergesetzt.

Betula papyrifera

– // : kein Wort zuviel – / (: die Sprache faltet – /
: Blatt & Sätze – / (: bis sie klein
& unscheinbar – / (: vielleicht veraltet –) /
: starr & leblos – / : hart wie Stein – /
: auf ihrem schmalen Saumpfad wirken –) /
: als ein Zweig / den anderen streift – /
: & so aus frei / stehenden Birken
ein dichtes Blattensemble reift – /
(: worin sich schon die Schatten sammeln – /
: jener Dinge –, die wir nicht
in Worte fassen – / (: sie nur stammeln –) /
& die in keinem Vers / das Licht
der Welt erblicken – / : die sie hütet – /
(: nur Wälder ringsum – / : kühl & leer –)) /
: doch die Feder – / : die seit Jahren brütet – /
: taucht manchmal – / : in das Tintenmeer – /
: & zieht dann / ihre Spuren sicher – /
: durch das unlinierte Land – /
(: & die Trägheit / unerträglicher
Unendlichkeiten – / : weht wie Sand
von den fossilen Felsen –)) / : was passiert – /
: wenn im Herbst / die Blätter fallen – /
: das Licht / sein Alphabet verliert – /
& der Äste / stumme Krallen
in den Himmel stoßen – / : wie ein Schrei? – /
: Lass uns dann / die letzten Zeichen
in die Rinde schnitzen – / : & dabei
auf Blitze warten – / : unter Eichen –

Papierflieger

Wohin ich mich schweige
an den wunschlosen Tagen,
wenn mein Blick an Apfelbäumen hängt,
und sich meine Sehnsucht
in der Junisonne häutet?

Aus meinen Worten bin ich ausgezogen,
sage ich,
sie wurden zu eng
für mein Erinnern,
das aus den Rissen im Boden drang.

Ich baute mir ein Haus
aus vergessenen Sommern.
Ein Kind sitzt am Fenster
und faltet Papierflieger.
Beladen mit rotem Klee
taumeln sie
gen Morgen.

Das Meer hat keine Küsten

Gestirne weisen den Weg
wir folgen den Westwinden
in die Weite, ins Ungewisse

Dieses Meer hat keine Küsten

Im Fahrwasser der Gezeiten
klebt zu viel Sand
zwischen Fingern und Erinnerungen
Die Haare mit Wellen gekrönt
nur Salz tränkt die Haut
über der schwarzen Tiefe

Dieses Meer hat keine Küsten
wir keinen Anker

Die Lippen schmecken kaum noch das letzte Ufer

© I. J. Melodia

Horizont

neue horizonte entdecken
heißt es in einer werbung
von parkbanken und spartassen
dabei ist der horizont
so alt wie die menschheit
als sie zum ersten mal
das vipernauge öffnete
und hinaus starrte
in die schöpfungsgautsche

es ist stets der gleiche horizont
der sich um seiner selbst willen ändert
wenn man seinen standpunkt verliert
sich verirrt in den wüsten
eisgrauen schluchten der
modern city lines
schon schamanen zeichneten
'lines' in den flugsand
um die geister zu bannen

horizontalverschiebung
ist eine neue sichtweise
auf alte herkömmlichkeiten
am scheideweg zwischen himmel
und entwölktem wattenmeer
leuchten die sterne anders
gibt es keine leidpfähle am rand
der dunstgeschwägerten milchstrasse

Traumbild

Noch war es vage, nur ein Traum-Gedanke.
Doch trug des Tages Leuchten ihn dann fort
und ließ ihn suchen Halt gleich grüner Ranke.
So fand auch er den Weg, den Hoffnungshort,
der allem innewohnt, was hier darf leben
und bergen sich an wohlbestimmtem Ort.
Um sich dann werdend, wachsend zu verweben
hier in der Sonne mildem, warmem Licht
Ein sinnvoll Walten wollte gütig geben.
Und dort, wo oft nur herrschte der Verzicht,
erstrahlte Freude nun aus tiefem Lieben;
es schrieb die Poesie sich ihr Gedicht.

Herzensstimme

Den richtigen Weg
für dich
findest du nur
wenn du dich nicht nur
auf deine Augen verlässt
wenn du anderen
nicht einfach folgst
oder nicht einfach
den direkten leichtesten wählst
sondern den Mut hast
dem Herzen zu folgen
und der Stimme
welche nur du vernimmst.

Regenbogenmembran

Kein Hut, kein Stock, kein Drahtseilakt
als meine Gedanken zwischen zwei
Atemzügen über den Aschenbecher
balancierten.

Die Diagnose wurde in der Kehle
zwischengelagert und hat wenig später
mein Herz wund gemacht.
Die Hoffnung verlor ihr blaues Gefieder.

Zwischen den Lungenflügeln ist
es nicht mehr so geräumig,
meinte der Arzt und reichte mir
eine Abmahnung durch die Rippen.

Ich würde die vergangenen Jahre
rückwärts gehen
>wenn ich könnte<
meinen Röntgenbild mehr Lebensfarbe
geben, anstatt Schall und Rauch.

Für die geborgte Zeit könnte ich dann
grüne Lungen pflanzen und eine
Regenbogenmembran über mein
trauriges Organ spannen.

Doch der Tod hat bereits eine
Speichelprobe von mir genommen,
hat erkannt, dass ich lieber asphaltierte
Wege nahm, anstatt durch den Mangroven-
wald zu gehen.

Wenig Hoffnung

Zwischen Urquell des Lebens
Macht der Gewohnheit
und Angst vor dem Ende

Bestraft die kleinen Freuden
unterdrückt die großen Gefühle
lächerlich die Leidenschaften

Äffische Rituale Spiegelsäle
Bausparvertragslotterie
dazwischen: trotzige Gaunerzinken

Ausbruch – Trost der Gefangenschaft
ein letzter Ast grün – dann verdorrt
Aber ein Strohhalm der bleibt

Entfesselt

An Morgen wie diesen,
wenn erstes Licht hinter dem
Fenster steht, die nächtliche Trauer
zur Farce wird und die Umrisse
der Gegenstände ihre Schärfe
wieder offenbaren, wenn
dein schwaches Selbst erwacht,
immer noch, fragst du verzagt,
ob der Tag dich will.

Kann sein, die Nachrichten
arten zu Kriegen aus, aus blutigem
Schnee treten Schatten, die nicht
mit sich handeln lassen, niemals,
aber die innere Melodie, die
deine Seele schönt, ersinnt
die neuen Noten der neuen Lieder,
und du trittst vor die Tür,
in den jungen Tag.

Glauben

(Akrostichon)

Dunkle Mächte ziehen Menschen oft in ihren Bann,
Im Innern lauern alte Muster, überholte Werke;
Es nützt uns dann nebst Einigkeit und Stärke
Rundum das Spüren, neues Lernen; dann und wann

Orakel ziehen, Karten legen, Runen deuten mit Gesang:
Seit alters her versucht der Mensch, die Götter zu begreifen,
Es ist ein selten gut Gelingen und mag Äonen lang nicht reifen.
Nein, Menschenwerk ist immer nur ein Echo-Klang.

Kirchenfürsten füllten sich damit die eignen Taschen,
Richtungsweisend wollten sie die Stellvertreter sein,
Ärger stellte sich bei manchem Zeitgenossen ein.

Niemals sollen sie und andere mich erhaschen,
Zielgerichtet will ich *eigne* Wege gehen,
Erdenmutters Glauben, ja, ihn will ich verstehen.

lieb(los)

erst gestern noch
hast du mit deinen worten
für mich papier getränkt -
tintenblau
und deine roten rosen
after-shave umhüllt
hab ich aufs fensterbrett gestellt
bin den zeigern aller uhren
dieser welt gefolgt
bis zum wiedersehen -
herzzerissen

heut weiß ich nicht mehr
wie man sehnsucht schreibt
hab nur geklickte worte-
tastaturverschluckt
und diesen virtuellen blumenstrauß
im anhang deiner mail
der noch in einem Jahr
von liebe spricht
so wie der kalte kuss
der via skype berührt -
geruchsfreimonoton

Durch den Nebel

Durch den Nebel geht es,
fort, fort immer fort.
Wo ist vorne, wo ist hinten?
Unsere Fußspuren tanzen im Schnee.

Hinter uns liegt die verlassene Welt,
vor uns wartet das unbekannte Leben,
das wir hätten führen können,
wären wir nur eher losgegangen.

Jetzt geht es durch den Nebel,
fort, fort, immer weiter fort.
Wann war gestern? Wann ist morgen?
Wir lachen mit der Stille.

Nun spielen wir mit Wassertropfen,
fragen das endlose Weiß,
ob es weiß, wo wir hingehören,
wohin uns unsere Beine tragen.

Denn es geht jetzt durch den Nebel,
fort, fort, immer schneller fort.
Fort von den Fehlern, die wir begangen,
und fort von Leben, die wir zerbrochen haben.

Ankommen? Das werden wir wohl nie.
Mit unseren Geschichten im Gepäck
und dem Herzen voller Lust und Liebe,
ist der Nebel unsere Heimat geworden.

Seelenreise

dein gesicht
bricht sich
im wellengang
leuchten die schaumkronen
wie feuerschiffe
die heimkehr der seelen
zu sichern

dein glanz
wird verblassen
wenn der morgen graut
werden die nachzügler sich
mit den nebelschwänen
in der tiefe des meeres
verirren

Perspektive

Der Weg selbst hält sich für Methusalem.
Zu Recht. Sagen auch seine Abzweige.
Links und rechts. Vorne und hinten.
Denn sie sind alt. Sehr alt.
Und erfahren.
Mit Füßen , Schuhwerk und Rädern aller Art.
Stehend, gehend, fahrend. In beide Richtungen.

Der Weg selbst hält sich für Methusalem.
Auch wenn immer wieder jemand kommt,
der ihn für komplett neu hält.
Und das nicht nur, weil sie sich noch nicht kannten.
Der Weg und er. Oder sie.

Der Weg selbst hält sich für Methusalem.
Zu Recht. Sagen auch seine Abzweige.
Immer noch. Und immer wieder.

Nicht nur als Entgegnung.

In jeder Richtung erfolgreich

Wer clever ist der ist nicht dumm
denkt wenn es sein muss ganz schnell um
so läuft die Katze geradeaus
soeben noch will sie nach Haus
doch unterwegs wird's hungrig ihr
drum schaut sie nach 'nem Beutetier.

Den Blick mal links mal rechts gerichtet
hat sie alsbald die Maus gesichtet
die sammelt sorglos Futter ein
genießt dabei den Sonnenschein
zwei Schrittchen vor und drei zurück
so wähnt das Mäuschen sich im Glück.

Die Katze jedoch schleicht sich leise
und zielgerichtet hin zur Speise
vergessen ist der Weg nach Haus
vergessen auch das Geradeaus
auf neuem Weg mit einem Satz
ein Mäuseleben für die Katz'!

ganz nah

meine Flügel gestreift
hat der Tod
die Wange geküsst
liegend auf dem Asphalt

sah ich den Himmel
meine Seele schwebte leise
aus dem Körper davon
welch Gefühl zu gehen

Blaulicht blinkt
der Wagen hält
die Wirklichkeit
sie trägt mich
von dannen

Gefühl der
Leichtigkeit

vorbei

ein Leben
neu geschenkt

jetzt anders

und zwischen zwei wörtern
wird klar, erschüttert - untergrund
zeit, raum. weg. anders sein
spätestens jetzt. jetzt spätestens

und weiter und weiter und weiter und weiter

Blickrichtung

Schaust Du nicht oft
auf Deinem Weg zurück
in schwerer Wehmut
und nostalgischem Erinnern,
gar im Beweinen des Verlusts
der schönen Orte,
die am Wege lagen
und nicht wiederkehren?

Treibst Du nicht oft
Deine täglichen Gedanken
träumend nach vorn
im Ersehnen und Erhoffen
noch schönerer Orte,
die der Weg doch
hinter der nächsten Kurve
noch bereithalten muss?

Wie kannst Du dann
noch sehen, was gerade
am Wege liegt?
Wie kannst Du dann
in jedem Moment
Stolpersteinen ausweichen
oder das weiche Gras spüren
unter Deinen Füßen?

freiheitsmühsal

immer mehr
immer schneller
immer höher

alles auf einmal
und zwar sofort

produkte von laufenden bändern
verkauft als unendlicher spaß
im welterholungsgebiet für wohlhabende

anders?
wie?

wie anders?

anders denken?
anders machen?
anders werden?

andernorts?
anderswo?

anders gesagt
anders herum gehen

wir tauschen

autonomie gegen bequemlichkeit
freiheit gegen komfort
glück gegen abwägung

© Vera C. Koin

Point of view

Einige Felder meines Seins
Haben nun lange genug
Brach gelegen
Neue Saat ist ausgebracht
Der Nebel verwandelt sich in Regen
Die Traurigkeit hat sich vollkommen ergossen
Die Sonne hält wieder Einzug
Und mein Herz träumt sich lachend in die Zukunft.

Traumteppiche

Niemand träumt so viel wie ich
ich träume von dir und du schaust mich an
du hast Meeraugen
du bist alles, du bist Sonne
warst du schon mal, fragst du und ich sage nein
noch nie, über den Wolken

Niemand zieht mich so wie du
ziehst mich auf Berge, weit nach oben
deine Haut ist Erde, ist Natur
du bist alles, du bist Sonne
kommst du mit, fragst du und ich sage ja
mit dir, bis nach oben

Niemand sieht sie und da sind nur wir
Traumteppiche zwischen Hügeln
und sie hängen tief
dein Geist ist weiß und er ist weich
hast du schon mal, fragst du und ich sage nein
noch nie, sowas Schönes gesehen

Niemand tanzt so gern wie wir
deine Hand ist warm und unser Blick geht tief
du bist alles, du bist Sonne
wollen wir, fragst du und ich sage ja
mit dir tanzen
und wir springen
        Traumteppiche.

Im Wendekreis

abseits des Weges
sah ich inmitten des Gezweigs
durch das Makro meines Kameraauges
für den Bruchteil einer Sekunde
deine weißen Raubtierzähne blitzen
auf Beutefang in der Dunkelheit
ohne Bedauern unter meiner Haut
gefror der Herzsee
unser brüchiger Verbindungsweg
Blütenjahre bohrten sich in den Seelengrund
und die Schicksalslinie bekam einen Knick
die Sprache deiner geknoteten Zunge
hat unsere Freundschaft nicht gerettet
der Landweg wurde zur Sackgasse
auf Wasserwegen umschiffe ich nun
den Magnolienbaum im Wendekreis
meine Hände sind heute nicht mehr geöffnet
dennoch schneidet mir dann und wann
eine fallende Baumblüte ins Fleisch
und während ich das Blut auflecke
versuche ich mich
an ihrem Duft zu erfreuen.

Zu Fuß

Kaum in den Schuhen
das Gefühl von Bewegung
schon springt die Landschaft
in Gedanken vorüber
zu Fuß
den Rucksack voller Töne
vergraben meine liebsten Wörter
blaue Schatten lehnen übern Weg
Wortgeister begleiten mich
zu Fuß
über Blätter gestolpert
ins Niemandsland
auf Anhieb am Zauberbaum
den Schrecken verloren
zu Fuß
Kobolde am Wegesrand
zu Stein gewordene Dämonen
im Rückspiegel Farbenregen
auf Zeitreise
zu Fuß
figurbetonte Kürbisse
kauern noch unversehrt
vor Halloweens Gemetzel
am Abend
barfuß

© Wolfgang Mach

Sonnenschein am Horizont

Sonnenschein am Horizont.
Lichterglanz im Lebenskampf.
Schimmernd strahlt die Himmelsfront,
löst sich weich der Herzenskrampf.

Kälte weicht dem warmen Licht.
Hoffnung
nicht erloschen. -

Freude strahlt im Angesicht
der Sonne
unverdrossen.

Bereit für die Liebe

Wenn du endlich dazu bereit bist,
Dann bist du wie ein Boxer im Ring,
Der plötzlich die Deckung runter nimmt,
Und den nächsten Schlag erwartet.
Dann siehst du, während die Menge tobt,
Etwas in der Ewigkeit, der Vollendung nahe,
Umgeben von Stille, die keiner anrührt.
Dann erwartest du den Schmerz,
Doch der Schmerz zerreißt nicht das Band,
Das dich ans Leben bindet.
Du erwartest den nächsten Schlag,
Bist ein Tänzer zwischen Geburt und Tod.
Du erwartest den nächsten Schlag,
Ohne dich zu wehren.
Du hast endgültig und für immer
Die Deckung runter genommen.

© Roman Olasz

Vorhang auf

Es reicht!
Riecht nach Regen,
Riecht nach Erde und Tod.
Wir haben gesehen wie jeder
Auf seinem Rücken den Tod trägt.
Ein Tor öffnete sich.
Wir waren alle verhungert
Wir waren alle verdurstet.
Wir waren alle verblendet.
Was haben wir alles gesehen?
Wir wollten schreien,
Es war kein Echo zu hören.
Wir wollten weinen,
Es war zu viel Wasser zu kochen.
Außer das Recht zu Überleben,
War nur Mitleid zu spüren.
Mit einer Porzellanmauer
Wollten wir den Regen beschützen.
Es war nur eine Wüste
In der die Orchideen
Einen Schlafplatz unter den Sternen finden.
Wir waren wie Kugeln die rollten
Gegen die Physikgesetze.

Wir waren die Armee
Und die Welt baute für uns
Eine Pyramide.

© Germinia Sercau

44

Natürlich

Um Weltgewandtheit zu beweisen
bemüht der Mensch sich durch das Reisen.

Je mehr er dieses pflegt und weitet,
je öfter wird er umgeleitet.

Aus - und Ansichten sie wechseln.
Man darf an seinem Weltbild drechseln.

Die Späne, die sich dabei windet,
ist die Erkenntnis, die man findet.

Durch Reisen, die man so bestreitet,
wird manches Weltbild umgeleitet.

© Hartmut Gelhaar

Am Ende der Straße

Am Ende der Straße
beginnt die Straße des Endes
und vor dem Anfang des Weges
liegt der Weg zum Anfang.

Es wird Zeit, ihn zu gehen.

Richtungswechsel

Während Vorhänge
Die Atmosphäre atmen
Explodiert dein Name
Über den Klippen Chinas

Und jeder Bengel
Jenseits der Flüsse
Kauert hinter Steinen
Der Erkenntnis

Ein Atemzug namens
Orient Express
Stellt Hoffnung zu
Und steuert in
Richtung Nichts
Hinter jener Wüste
Wo das Tal beginnt

Hoffnungsfunken

fortgestoßen
gefallen
zerbrochen im großen Nichts

auf der Suche nach dem Sinn
unter fahlen Sternen
lautlosen Schatten gefolgt
die Balance nicht gehalten
und die Spur
aus dem Blick verloren

im Spiegellabyrinth
dem verborgenen Ich
still in die Seele gesehen
dort Zweifel gefunden
dicht neben der Furcht liegend

und einen Atemzug lang
verborgen im Nebel
ein Funken Hoffnung

Facetten des Wesens

Als seine Liebe
all ihre Facetten
ans Licht brachte,
begann ihr
vielseitiges Wesen
innerlich
zu leuchten.
Ihrer Faszination
konnte sich keiner
entziehen,
sie sprach in anderen an,
was in ihnen
noch auf Entdeckung
wartete.

Aufbruchsstimmung

Herzlich willkommen
im Tag der Entscheidung
zählt ja oder nein
kein Drumherum

Geht der Mut
seinen Weg
spaziert ein Stück
Richtung Glück
nimmt vielleicht doch
seinen Hut
blickt nicht zurück

Bleibt verlassen
vom guten Geist
der gute Vorsatz
neu im unverbrauchten
Glanz ganz
im gewohnten Geleis

Lebt wohl
Tag für Tag
sitzt entspannt
auf dem Meilenstein
eines Lebenswegs
und pflegt
sein sonniges Gemüt

wegezauber

in sonnenkringeln kringeln sich die son
nen wo nattern sich ringeln im ringel
natzreihen schwebfliegen schweben und
fliegen verwinden all so den üppigen tag

stelzvögel stelzen und schreiten schwei
fen gen abend zu grauen blüten fleder
mäuse fledern vorüber folgen im uner
hörten den echoloten sternschnuppen ver

schnuppen sich am himmel sie waren zu
größerem geboren schlafwandler wan
deln den schlaf eifern den erwachenden
träumen nach wir lauschen und üben ge

hen befangen vom hauch der fliehenden
worte gehen die beine ruhelos gehen die
wege namenlos gehen wieder gen mor
gen gehen von mal zu mal im feenkreis

brennender weg

die straße bis zu dir
ist gepflastert
mit traumgefüllten
sehnsuchtsnächten
sie erglüht unter
meinem begehren

auf loderndem weg
werden wir uns beide
die füße gerne verbrennen
sie beginnen langsam
sich an die glut
zu gewöhnen

Ein schöner Morgen

Voll Stolz war ich an diesem Morgen
So viele kamen, mich zu sehn
Und langsam mit mir mitzugehn
Gottlob war auch das Wetter schön
Ein leichter Wind vertrieb die Sorgen

Und alle warn des Lobes voll
Und hatten Gutes nur zu sagen
es gab kein Nörgeln, Meckern, Klagen
Keine unliebsamen Fragen
War alles leicht – ich fand es toll

Doch irgendwann da blieb'n sie stehn
Ein jeder warf die Schaufel Sand
So viele hab ich nicht gekannt
Die drückten meiner Frau die Hand
„Die Feier war doch wirklich schön"

Sie ließen mich allein im Dunkeln
Der graue Sand war kalt und schwer
Ich fühlte nun schon gar nichts mehr
Mein Körper der war hohl und leer
Doch meine Seele sah ich funkeln

Definiert

Neu definiert.

Ausradiert.

Gezeichnet.

Ausgezeichnet.

Neu radiert.

Definiert.

devolution

vertiert er
der mensch
dem raum gelassen
wie sieht da die antwort aus

umformen wir nun diese frage
vielleicht zu einer theorie
die sich beruft auf so manche
die fern den städten existieren

die schnatternd ihre phrasen dreschen
mit kaum noch fremdkontrollinstanz
die struppig wuchern voller wahnsinn
bis jener reinen trieben weicht

dann träumen wir von einem dasein
frei euphorisch unbewusst
in dem das leben sich erneuernd
das moralgenick zerbeißt

In Blüte

Stadt endet
Landschaft fruchtet still

Mädchen leben
auf goldenem Fuß ohne Schuh

Erdenäpfel geröstet
Feuer lodern hinzu

Gespinste ersonnen
am knisternden Grill

Doch blüht die pommersche Obstallee
ist Aschenputtel weder die heimische Hauszwetsche
noch Schneewittchen die Mirabelle aus Nancy und
geht die Verwandtschaft zum Tanze wird
manch eine Haxe gebogen und
pflücken die Mädchen den Strauß
erkennt sie der Weg und
trägt ihr Gesicht neue Farben so
ist ihre Ernte gerecht

© Sabine Wreski

GEHEN

Wir gehen nicht von ungefähr,
es ist die Zeit zu gehen.
Es fühlt sich an bedeutungsleer,
das unbewegte Stehen.
Wir pflügen nicht das brache Feld,
es ist die Zeit zu weichen.
Es fühlt sich an sonst sinnentstellt
so einsam, ohne gleichen.
Uns hungert nicht nach ewig Dein.
Es zeitigt sich, das Ende.
Das Gehen erst im Widerschein
vollbringt ersehnt die Wende.

Visionen

In einer endlichen Welt
erzählen wir,
Wesen von unendlicher Ambition,
vom Sterben dieser.
Denn unser Streben nach Unsterblichkeit
markiert den Zyklus,
auf dessen Bruch
all unser Handeln ausgerichtet ist.
Wir greifen nach dem Horizont,
um das Universum zu überwinden.

Draußen

Die Haustür knallt mit ihr'm Gewicht
mir wieder mal in mein Gesicht.
Und ich steh draußen.

Gelächter klingt aus weiter Ferne.
Ich wäre doch dabei so gerne.
Doch ich steh draußen.

Die drinnen achten nicht auf mich.
Das ist ja klar. Sie haben sich
und sind nicht draußen.

So stehe ich seit Stunden hier
und frage mich: Geht's dir wie mir?
Bist du auch draußen?

Dann leg vertrauensvoll mal deine
liebe, zarte Hand in meine.
Sehr nett hier draußen!

© Monika Kubach

Zuschauer

Ich sehe die Menschen
Wie sie da kommen
Mit leeren Händen
Und hoffnungsvollem
Herzen.

Ich sehe die Massen
Wie sie da stehen
Und abwarten
Bis einer
Den ersten Schritt tut.

Ich sehe und warte
Gleichzeitig
Einer von ihnen
Und doch bloß
Der Zuschauer.

Ich frage mich
Wann einer
Unter allen
Endlich mutig
Die Initiative ergreift.

Vielleicht heute
vielleicht morgen
vielleicht wenn alle gefallen sind -
vielleicht nie.

© Isabel Kritzer

Komm mit mir

Komm, mach dich bereit!
Das Glück – es wartet nicht.
Es ist nun an der Zeit,
auf Schatten folgt oft Licht.

Komm, wir gehen fort.
Weit, weit weg von hier,
an einen bess'ren Ort,
ohne Scham und Gier.

Komm, nimm meine Hand
Und halte sie ganz fest.
Lös das enge Band,
das dich nicht atmen lässt.

Komm, dreh dich nicht um!
Lass es hinter dir.
Bleiben wäre dumm.
Komm, sei frei mit mir.

einnorden

das notfallprogramm steckt metertief in der krise
mit galgenhumor widme ich mir wankende zeilen
verstecke sie wo das leben um sich schlägt und
spiele stattdessen schnitzeljagd in überfrierendem sand

danach zähle ich quersummen am horizont
im dämmerlicht kaum zu orten
falltüren beherrschen meine gedanken
ein gefühl wie schmerztabletten im bauch

die stufen des holzstegs überbrücken sich selbst
indem sie ballast abwerfen ins schwarze grau
mit dem nachtsichtgerät wage ich endlich
eine zaghafte fahrt ins leere

gieße alle worte in den wind
und atme gierig die salzige luft
als die sonne sich hochkämpft
über dem löchrigen meer

das geschrei der möwen klingt
wie ein willkommenkonzert
melodien über magnete
die norden den himmel

und mich

Soll ich oder soll ich nicht?

Soll ich?	**oder**	soll ich nicht?
Straße	**oder**	Trampelpfad
geteert	**oder**	unwegsam
übersichtlich	**oder**	unüblich
bekannt	**oder**	fremd
zufrieden	**oder**	glücklich
langweilig	**oder**	aufregend
Verlässlichkeit	**oder**	Abenteuer
Soll ich?	**oder**	soll ich nicht?

© Christa Reusch

dusche. uhrzeit: sonne steigt vom fluss

warme fönluft auf der haut mimt umarmen
prasselt im wasser der blaufliesendusche
bricht erinnerung aus und weint in die halbe stunde
fern vom universum nur fadender raum wo wasser
sich mit tränen mengt im siphon schlürft es klingt
roh wimmert es in der brust und das
universum kosmos die expansion
ist ein traum ein traum weiter nichts als ein
weißer duschvorhang und zwei beine auf die kameraaugen
gerichtet sind das körperstativ wackelt zwei
fleischfarbene armgreifer umschließen die ohrenmuschel
in der warme wasserresonanz wiederhallt
als rauschen das jetzt epizentrum ist der ortung
im nichts der schwärze hinter geschlossenen lidern
ist die frage steht er auf oder bleibt er sitzen

steht er auf oder bleibt er sitzen
                    steht er auf oder bleibt er sitzen

im wasserfall brandet ein klopfen herein
wie eine hoffende frage expandiert das universum

er steht auf.

Innehalten

Innehalten, sich besinnen
auf das, was wichtig dir erscheint.
Hören, ob in dir tief drinnen,
gequält die Seele Tränen weint.

Innehalten, überlegen,
ob dieser Weg zum Ziel dich bringt.
Wenn sich Zweifel in dir regen,
such neue Pfade unbedingt.

Innehalten, dankbar lauschen,
hörst du der Nachtigallen Schlag.
Lass vom Frühling dich berauschen.
lass kommen, was da kommen mag.

© Gerda Winter

Lied der Hoffnung

In einem Grab war ich geboren,
und war so einsam und verloren.
Doch wie ein Licht in dunkler Nacht
hat sich in mir die Welt erdacht!
Ihr Lied ist klar und gut und rein.
So, denk ich, soll das Leben sein!
Ich bin aus meinem Grab gestiegen,
wo ringsum viele Gräber liegen.

Mein leises Lied, mein kleines Licht
sind für solch Grabesstille nicht.
Denn von der Wärme will ich singen,
und für dein Herz soll's mir gelingen,
dich der Verzweiflung zu entwinden,
der Seele Wunden zu verbinden.
Nur so kann ich die Hoffnung leben
nach deinem, unserm Glück zu streben!

Reise-Elfchen

Fortgerissen
aus Alltagskrisen
der Ferne entgegen
weg von altbekannten Wegen
Fortgeschritten

Gebranntes Kind

Es kam die Zeit,
da wollte ich entfachen
die Lebensglut
und war bereit,
zu knistern und zu krachen
und brannte gut.

Es kam ein Stoß
des Windes und entführte
die Flammen weit.
Da stand ich bloß,
vernähte und verschnürte
mein Aschenkleid.

Gebranntes Kind
war ich bei neuem Feuer
und ging nicht hin,
und trug den Wind,
mir einst mal lieb und teuer,
als Feind im Sinn.

So kam die Zeit,
da lebte ich in Ruhe
und ohne Freud'
und wurd's dann leid,
und kaufte neue Schuhe
und tanze heut'
wie's mir gefällt.
Ich konnte schnell erfassen
die Zeit im Trend
und werd' das Zelt
im Festtagskleid verlassen,
bevor es brennt.

Die neue *Flowerpower*

Lasst uns in das Land der vergessenen Blütenträume reisen
und entfliehen -
den schläfrigen Zeiten der Blumenlosigkeit.

Dort erwarten uns vorab gesandte Sonnenstrahlen,
die sich heilend über unsere dunkle Traumnacht legen.

Das Blau des Vergissmeinnicht
umgibt dann umhüllend unsere Seele,
am Beginn eines weiten Himmel-Gartens,
in dessen Mitte wir weiter südwärts ziehen wollen.

© Hellmut Bölling

Suche

Auf den Plätzen der Welt
sah ich, was jedem sichtbar,
und hoffte doch, mehr zu sehen als andere.

Reden hörte ich überall –
Worte, die nichts bedeuteten –
und wartete auf ein Wort, einzig für mich.

Erst als ich in die Stille eintrat –
des Lärms der Geschäftigen ledig –
erkannte ich, was für mich bestimmt war.

Ein Bild

Ein letzter Blick
durchs offene Fenster.
Meeresbrise verfangen
in alten kurzen Gardinen.
Das Zimmer leergeräumt
und leergeträumt.

Alte Tapeten. Holzboden.
Ruhig fließende Wellen.
Einsame Jacht in der Bucht.
Vom Wind gefegte Strände.
Erster Silberfaden
in den Haaren der Frau.

Mit dem Rücken zu uns
träumt sie ihre Vergangenheit.
Zaubert sie ins Bild.
Figurbetont ihr graues Kleid.
Grau und niedrig der Himmel.
Ein Bild im Silberglanz.

Gleich dreht sie sich um,
nimmt die Gardinen ab,
wischt vom Fensterbrett
ihr halbes Leben
und geht-
ihrer Zukunft entgegen.

Abgenabelt

Abgenabelt,
das letzte Band durchtrennt,
zerrissen liegen
Blätter der Gemeinsamkeit
zu unseren Füßen.

Achtlos
trampeln wir darüber hinweg,
ohne Bedeutung
scheint vergangene Zeit.
Vergessen siegt.

Einsam
führen vertraute Straßen
durch kahle Stunden.
Sag mir,
wo wird die Liebe blühen?

© Birgit Burkey

Blau

In blaue Welten
Abheben mit Azur
Durch Erdengrau und Wolkenweiß
Fahren ins Königsblaue
Trunken werden und
Ultramariniert
Von der Kraft der Einen Farbe
Vollgesogen wie ein Blauegel
Abgefüllt für lange Zeit
Nicht mehr fähig fortan
Zu denken in
Schwarz-Weiß

© Corinna Reinke

74

Nasse Landstraße nachts

barfuß
die dunkle Wiese hinunter
mit fünfzehn geboren
mit achtzehn aschgrau
nackt
von Sinnen geliebt
auf sonnenwarmer Treppe
zertretene Pilze gegessen
im Magen wie Bleiloren
scharenweise erbrochen
das Blei
dann die Liebe
erschrocken
barfuß
die dunkle Wiese hinunter
der Rolldraht
niedrig
die nasse Straße
blendet
die Brücke
rostbraun
Flughunde peilen
den Flug
die Brücke herab
kauen Augäpfel
Rosentrauben
barfuß

ROSTWALD

z erhetzte saiten
brüllen herb
abschied
gerinnt zu
tropf-
          stein-
                    höhlen

drahtige
zeitschlaufe
spaltet
kahle
erinnerungen   ab
unkraut

einschweben der
irrlichter in
die rückenwurzel
zwangs
          os   *mo*   *se*

es dämmert
rostet
im wald
winterharz

Licht

Der Mond schlurft still,
Wolken rudern am Himmel,
silberweiche Zeit.
Laternenschein glänzt
auf nassen Pflastersteinen.
Sie strebt nach Erneuerung.
Sie hat ihre Liebe abgerissen
wie Kalenderblätter.
Sehr spät entdeckt,
dass sie das Bremspedal trat
hoffnungsvoll verloren.
Mit Anbruch der Nacht
sind die Tage verschwunden
hinterm Horizont.
Sterne zwinkern ihr zu
aus dahintreibenden Wolkenlöchern-
Köstlich ihr Leuchten.
Sie geht neue Wege,
Licht ist die treibende Kraft
stetiger Veränderung.

© Gabriele Franke

Ich suchte dich

Ich suchte dich auf den Straßen,
in Ortschaften suchte ich dich,
befahrend Spur durch
Landkartenweiß.

Ich suchte dich auf den Feldern
In Palästen suchte ich dich,
Backsteinwunden bröselnd
unterm Stuck.

Ich suchte dich in den Frauen,
in ihren Worten suchte ich dich,
Sätze raschelnd
wie Netze voller Trockenfisch.

Ich suchte dich in meinen Träumen
Meine Seele suchte dich,
als wärst du wahr
und hättest gewartet auf mich.

© Manfred A. Kugler

Die roten Schuhe

Die roten Schuhe und der Abschied.
Er schenkte mir dieses Paar
Roter Schuhe
Und führte mich beharrlich
Auf den Weg
Heraus aus seinem Leben.

Der roten Schuhe zweiter Teil.
Ich nahm die roten Schuhe
Zog sie an und trat
Erst zaghaft, dann mit festem Schritte
In ein anderes Leben ein.

Schön´res Land

Fragt´ ich den *Mitmensch*, wie er träumt,
wie er ein schön´res Land sich malt –
hätt´ der doch just laut einberäumt,
dass er dem Recht die Hälfte zahlt´ …

Ein *Fremder hier,* fern der Kultur,
Benimm und Wort wär´n zweierlei …
erdachte sich die Frohnatur:
Die Massen seien Irden frei!

Der *Mensch, der innehält,* denkt … nach -
erahnt, was Kinder noch gewusst –
das ihm die schönste Weile brach …
Der Spielraum schreibt hier Lebenslust!

Fragt´ ich mich aber selbst, was Land –
Und was ihm schön, das ich auch will ...
Dann *fand ich* traut, das heimisch band.
Und lächelte – doch träumend still.

Indes lief´ mir ein Tränchen fort,
der Liebe war´s ein Satz für sich –
Ich lebt´ ja dort – ich sehnt´ den Hort,
Gefühl, das Menschen nicht verglich.

Und hätt´ ich auch erneut erfragt,
was wahr *ein schön´res Land* nun wär´;
blieb Antwort schon im Klang vertagt -
die Selbstkritik so tonnenschwer ...

Und doch irrte ich mich

Und doch irrte ich mich
als ich glaubte
meine Loyalität
bringt mich weiter
schützt mich vor Ungemach.
Naive glauben daran
Hoffende auch.

Wanderer

Die Schritte, die dich immerfort in deine eignen Grenzen engen
und dich im Lauf von jeder Stuf in eine Linie zwängen
verhallen sanft im Ohr des anderen, der manchmal umgeblickt,
nach dir geschaut, was mal dein Herz erfreut
und oftmals nicht, so läufst du weiter, Stab um Stab,
denkst an die Zeiten und was es so im Leben gab.

Doch diese Gitter, stählern, hart, dein' Leib umfangen
so bist auch du nur Mensch im Trott der Zeit gefangen.
Die weichen Schritte deiner selbst lässt Köpfe heben,
bewirkt, dass manche Menschen möchten mit dir schweben
am steten Zeitfluss schnell vorbei, auf Feldern wie im Traume
und beide sich vergnüglich geben hin in diesem Raume.

So hat es sich ergeben, dass plötzlich zwei zusammen schweben
um sich für eine schöne Weile zu verweben.
Im Ohr trägt sie den sanften Hall des Schrittes
des einen, der einmal blickte ihres Trittes
ein wenig länger nach, als manch ein anderer
ab da, ward er ihr Trittbrettwanderer ...

Mit Glück bereift

Vor dem Haus steht ein Cabrio -
Für die Fahrt in den Sommer bereit

Aus dem Auspuff dröhnt ein Stück Himmel
Gefühle hoch gefahren -
Herzklopfen unter der Motorhaube

Von Augenblick zu Augenblick
mit Glück bereift

Sommeremotion

Ich streife das Rot der Ampel -
Bevor es Mich in Dich aufsaugt

Sternenregen

Es läuft davon die Zeit, in der wir glaubten
schneller als Atem, der aus unseren Mündern fließt

Wir hatten gestern noch
ein Stück vom Himmel in den Händen
noch einer Wolke nachgeschaut
und einer Blume, die am Wegesrande blaut
Herzstimmen flüsterten von Lieb und Leid

Es sehnte sich mit allen Fasern
es machten sich erwartungsvoll
die Sinne weit

Am Abend spät, wenn schon die lauten Stimmen schweigen
seh ich zum Mond und wünsche mir, er möge mir das
einstig wahre Licht von Neuem zeigen
 – die Fenster öffne ich ganz weit und lasse ferne Funkenblitze
ein

Wenn ich die Augen schließe
könnte es
noch einmal wieder Sternenregen sein

Unterwegs zu neuen Ufern

Und es kam die Nacht,
da ich mich,
wie einem inneren Ruf folgend,
traumsicher auf den Weg machte,
das Dickicht der Namen und Begriffe
zu durchstoßen
und hinter mir zu lassen,
in zunächst
nicht begründbarer Hoffnung,
das offene Feld zu gewinnen,
gefährliche Reise,
die den Verlust
der eigenen Identität
bedeuten konnte,
doch einmal die Richtung erkannt,
wäre Rückkehr
im selben Augenblick
zum geistigen Verrat geworden.

So war denn
der einzig verbleibende Weg,
das andere Ufer zu erreichen,
eine neue Sprache zu erlernen,
die sich allein
im tätigen Vollzug
durch innewohnende Beweglichkeit
verstehbar machen würde.

Weiblichkeit wagen

Weiblich
Wege wagen
Wissen weben was
wir würdevoll wieder werden
wollen

Weiblich
Wege wagen
wieder weben was
wir wirklich werden wollen
Würde

Weiblich
Wasser weben
wenn wir wirklich
werden wollen was wir
wagen

Weiblich
Wissen wagen
wenn wir werden
was wir weben wollen
Wiege

Weiblich
wenn wir
wagen was wir
wissen wollen werden wir
Wege

© Ellen Westphal

Sprache des Lebens

Zwischen dem Vorher und dem Nachher – ein Augenblick,
die Welt erlischt.
Ohne Gedanken, ohne Zeit, ohne Raum bleibt das
Nichts.

Dämmerung -
Flut und Ebbe bewegen das Gedankenmeer.
Farben gehen, Farben kommen.
Spuren

Ewig still scheint der Schritt durch die Zeit.
Ungeduld pulsiert, zögernd zeigt sich der Morgen.
Die Welt erwacht.
Dasein

Der Augenblick wird zur Vergangenheit.
Sie bestimmt das geschenkte Morgen.
Eine neue Reise beginnt.
Veränderung

Sag, was willst du mich lehren?
Sag, was soll ich begreifen?
Hab ich verstanden?
Lebensweg

© Heike Schulze

wrong direction

kein Stoppschild
keine Bremse

ich rase einem Horizont entgegen

den ich nicht sehe,
weil der Alltag ihn verbirgt
ihn grau verbrennt
und mit Mythen löscht

eine Grenzlinie
von der behauptet wird,

dass es sie gibt
ich fahre weiter
durch die Nacht des Tages

wie all

die anderen

Dazwischen

Längst nicht mehr verankert
wo einst das Glück lag
noch nicht angekommen
wo neues Glück liegen soll
dazwischen der Weg
zwischen Hölle und Himmel
Pendeln zwischen
Hoffen und Bangen
ungewisser freier Fall
ein Weg der kein Ziel sein kann
ihm fehlen Wurzeln und Flügel
bis zum Ankommen bleibt nur
ein wilder Tanz mit dem Wind

© Angelika Schütgens

Kameraden
auf unbekannten Lebenspfaden

Papiersoldat, Papiersoldat,
Wesen ganz besondrer Art,
Heimat- und auch herrenlos,
Rastlos bist du - ruhelos...

Papiersoldat, Papiersoldat,
Wandernd auf dem schmalen Grat,
Kennst Kompass und auch Karte nicht,
Die deines Lebens Pfad entspricht ...

Papiersoldat, Papiersoldat,
Durstend nach dem Lebensglück,
Kennst nur vorwärts - kein zurück,
Komm, begleit mich ... noch ein Stück!

© Christine Prinz

Kein Schwein gehabt

Zum alten Weg sprach der Neue:
„Weißt Du, was an Dir ich bereue?
Ich ging viel zu lang
auf Dir nur entlang,
so wirft man die Perlen vor Säue ..."

Auf Pilgerwegen

Je weiter von zu Hause weg
Ich (F)fortschritt, desto fühl- und sichtbar
Kompakter, leichter mein Gepäck,
Geschrumpft auf das, was unverzichtbar

War, unverhofft war der büro-
Bedingte Arbeitsstress verklungen,
Mich überkamen einfach so
Allmähliche Entschleunigungen:

Ich lernte, dem Alltäglichen
Erheiterndes abzugewinnen,
Ob Straße, feldwärts, jeglichen
Orts mit bereiten, wachen Sinnen

Objekte zu beobachten,
Aus Leuten Szenen zu erlauschen,
Die traurig oder froh machten,
Und sich mit ihnen auszutauschen.

Es war viel Zeit für Triviales.
Und Schönes! Dass ich zu mir sagte:
„Halt an! Fotografiere, mal es!
Bewahre, was dir sehr behagte!"

Auch wenn sie manchmal peinigte,
Die Pilgertour zu Fuß, ich glaube,
Sie lichtete und reinigte
Mein Inneres, im Schweiß und Staube.

Chance

Da ist es doch an der Zeit
die Entwürfe
meines Lebens zu zerschlagen
Und dem Leben eine Chance zu geben,
sich selbst zu entwerfen.
Vielleicht findet es Freude
An der eigenen
Entfaltung
Vielleicht
Geschieht ein Wunder
Und das Leben bietet mit
Eine wundersame Pracht
Die an Reichtum nicht zu überbieten ist
Vielleicht
Werfe ich alle festgelegten Pläne um
Und
Alles wird gut

Irre gehen

Tag und Stunde flieht er dem Heim,
zerborsten, zerrissen kehrt er zurück.
Ein flirrender Sieger, im Herzen allein,
ein gehetzter Jäger im flüchtigen Glück.

Und kennt nicht Wege noch Furt hin zum DU
versehnt sich, dem mächtigen ICH überlassen,
und weiß nicht ein sanfteres WIR zu umfassen
vermüht sich, verirrt sich, verbleibt ohne Ruh.

Nachtmahre singen ihm Schlaf.

Der Besuch

sie leben gemeinsam in einem Haus
er gähnt gelangweilt will nur hinaus
seinen neuesten Lover-Boy sehen
sie weiß es, erträgt es, sie wird nie gehen
es klingelt, der Nachbar steht vor der Tür
er liebt sie schon lange, will mehr von ihr
sie schaut jedoch nur auf ihren Mann
der diese Fesseln nicht lösen kann
seine Eltern besuchen sie, kommen dazu
bewundern den Garten die himmlische Ruh
das die Ehe der beiden immer noch hält
in einer Zeit wo so vieles zerfällt
da holt der Nachbar schnell seine Frau
sie trinkt aus Kummer ist ziemlich blau
fällt über den Tisch und auf den Kuchen
wollte ein kleines Stück nur versuchen
sie zerstört rasch den schönen Schein
lässt Wahrheit plötzlich ins Wohnzimmer rein
liegt auf dem Teppich und strahlt wie ein Sieger
singt dort enthemmt ein Haus voll Betrüger

Labyrinth
(Akrostichon)

Leicht schien er dir | Der Weg hinein
Am Anfang einfach, grad und fein
Bald aber hinter sanftem Knick
Yachtgleich entglitt der Überblick
Rechts oder links, vor und zurück
Irrlichterst du nun durch das Grün
Neu ahnend: Dir wird nichts verziehn
Trotz Reue, Demut und Gebet
Hörst du den Wind: Zu spät, zu spät …

Am Bahnhof der Hoffnung

Ich Leila:
Nachts in Frankfurt auf meinen Mann wartend,
seh´ ich grelles Zuglicht auf mich zurollen.
Den Gleisen mit brennenden Augen folgend.
Um mich herum fremdartig-verwirrende Stimmen.
Findet er hier den Ort seiner Hoffnungsvision?
Meine Füße scharren vor angstvoller Ungeduld,
meine Vorstellung lässt mein Innerstes stöhnen.
Dennoch, eine Kraft stützt sich aufs Erinnern …
An die Tage im Schatten einer machtvollen Zitadelle,
dort einst quellendes, singendes Leben in Aleppo.
Jetzt - ein Bild der Zerstörung im Bruderkampf.
Sobald der Zug wie im Guss des Lebens ruht,
wird er, Maurice, Soldat unter dem Kreuz Christi,
mir auf deutsch-fremdem Boden begegnen.
Wird er sich dem Traum von Freiheit bedienen?
Im Moment genährter Hoffnung steh´ ich …

Ich Maurice:
Im Menschenschatten des düsteren Bahnhofs
erkenn´ ich die mir verschollene Leila
mit ausgebreiteten Armen auf feuchtem Gestein.
Erspür kaum Freude nach langer Kampfeszeit.
Denn viel Kraft verbraucht sich im Gestern.
In gedämpfter Erwartung auf das Morgen
werd´ ich Leila begegnen – frei von Resignation.
Bin nun bereit, dem Zug der Angst zu entsteigen,
lass ratternde Räder des Gestern zurück ...
Um alles in der Welt leb´ ich mit ihr!

immer alles ausprobieren

immer alle Wege gehen
immer alles ausprobieren
niemals angewurzelt stehen
niemals allzu lang pausieren

weil man sich sonst fragen könnte
was man auf dem Weg verpassen
wenn man sich ne Pause gönnte
einen Weg mal auszulassen

denn man könnte was erreichen
auf dem Weg auf dem man geht
könnte zu was Gutem reichen
wenn man nicht lang stille steht

könnte ja die Welt verbessern
wenn man diesen Weg versucht
keinen Umweg auszubessern
wenn man neue Ziele sucht

weil man sonst mal sagen könnte
hätte damals gern gemacht
doch da man sich ne Pause gönnte
hat man sich das nur gedacht

© Lena Gottfriedsen

Am Wegesrand

Annehmen können
den Schmerz
der zu dir gehört und den du
so schwer
aushalten kannst
du willst nur sterben
den Schmerz nicht mehr ertragen
der Weg
vom Blitz gespalten
bebt
unter deinen Füßen
du weißt nicht mehr
wohin du gehen kannst
doch dann
siehst du am Wegesrand
eine Blume
leise
öffnet sie ihre Blüte
so leicht
so hell
du fühlst dich neu
geboren
in den Tag
der auch ein Morgen ist.

Treppe ins Licht

Besteigen wir haltlose Treppen
gesäumt von Hoffnungsbändern

Wagen wir Wärme verlassend
den verheißungsvollen Aufstieg

Erklettern wir rote Würfelwände
ohne verlässlichen Boden

Lassen wir Emotionen zu
auf der Suche nach Erlösung

Riskieren wir rissige Transparenz
und eisglatten Grund um

Aufzusteigen zum Lichtquell
wagen wir das Überleben

Lassen zu, dass der Tod
rissig von den Wänden weint

Die Tatkraft

Ich habe mir ganz fest versprochen
zu schlüpfen aus dem Schneckenhaus,
in dem ich mich so sehr verkrochen,
nun führt mich neuer Mut hinaus.

Jetzt bin ich frei und kann entscheiden,
welcher Weg mich führt zum Ziel?
Stillstand will ich nie mehr leiden,
hab' ich doch versäumt – so viel.

Und es lohnt sich mein Bemühen,
jeder Schritt mich neu beglückt,
denn ich habe *Mut und Hoffnung*
mit der *Tatkraft* ausgeschmückt.

© Elfriede Weber

Lass uns wegfahren und schreiben

In ein gesättigtes Verweilen legen
und friedlich schlummern gehen.
Du hast der Pause gefehlt.
In große Sprünge sehen.
Sei die Welle auf dem Reiter.
Tage werden unter Namen geboren.
Es existiert kein Gedanke ohne Fenster.
Worte geben an der Pforte die Schlüssel ab.

Ein Moment der Stille umhüllte die Straße.
Es gibt Stimmen, die beim erklingen,
zu einer einzigen Stimme verschmelze.
Ich liebe das Theater der Bühnen,
die ihre Schauspieler verschlingen.
Auf der Suche nach Wortempfang.
lerne ich die Dinge für uns beide zu wissen.

Weite Reise

Zu fernen Horizonten will ich ziehn,
so weit,
dass nur ein Glimmen noch
vom Erdball kündete,
dass nur noch Sternenstaub
mich einhüllt.

Zu fernen Horizonten will ich ziehn,
so weit,
dass da kein Platz mehr wäre
für Gleichgültigkeit,
für Missverstehen.

Zu fernen Horizonten will ich ziehn,
so weit,
dass du plötzlich ganz nah wärst
und ich nah bei dir,
in einem Lächeln, einem Wort,
im Schweigen.

alte stadt neu

der fluss
dem alle folgen
dieses kaltblut
betulich von natur
lässt die stadt
rechts liegen

in den stuben
beamtenstirnen
dauerhaft
hier angesiedelt

alte stadt
mit dunkler haut
dein schwäbisch
der kehlige laut
versippt
dem ohr des
syrers

© Atanasios Wedon

Betrug

Bleiben?
Herzklopfen
Wärme, Lachen
Teilen, Leben, Sweetheart
Misstrauen, Lüge, Wahrheit
Verzweiflung, Kampf
Schmerz
Glücklich?

Gehen?
Herzklopfen
Neugier, Leichtigkeit
Selbstbestimmt, unabhängig, kompromisslos
Stille, Alleinsein, Erinnerung
Verlust, Einsamkeit
Schmerz
Glücklich?

Weg

Flankiertes Fließen harter Erde
gewährt dem eitlen Streben Fuß für Fuß
und meinen Sohlen ist und werde
Vertreibung und Willkommensgruß.

Des Abends Kühle das Gefild' benetzt.
Ergraut und einsam Häuser starren.
Und schwirr'nde Beute Beute hetzt,
wo Früchte fremder Ernte harren.

In Anbetracht versprengter Weiten,
die voller Gleichmut stets zur Ruhe geh'n,
erdrängt die Trauer toter Zeiten
aus noch vertrauter Lüfte Weh'n.

Die Seel' sich ahnungsschwer im Glauben wiegt,
zu fleh'n zu altem, güt'gem Gotte,
indessen klärend stumm obsiegt
des weltenew'gen Raubens Rotte.

Vom Leibe spurlos hingetragen,
Gewahr'n sich suchend in Geäst verhängt.
Der Baumgestalten düst'res Ragen
den Wand'rer wehrend dort empfängt.

So wundersacht sich d'rin ein Brausen wegt
zum Viel der sich erführ'nden Szenen
und laut in jenen Schmerz mir legt
dies unerkannt verheer'nde Sehnen.

du bist die alte, die neue, meine Welt

verborgen lag ich
hinter deinen Schultern
nah an deinen Armen

doch das Herz nur barfuß
durch den Wald
durch den Neuschnee
und die windigen Spuren

als ich mir schwor
nur noch bei dir zu sein
da verschlossen sich Türen
und alles wurde eins
niemals zuvor
hab ich so viel
und so groß gesehen

© Bastian Klee

Die Qual der Wahl

Schwer ist's, den Lebensweg zu finden,
die Auswahl ist unendlich fast.
Muss ich mich nun für immer binden,
ist Ungewissheit stets mein Gast?

Zeigt der Verstand mir meinen Weg?
Lass' besser ich das Herz entscheiden,
wohin ich meine Zukunft leg?
Was wohl bewahrt vor spät'rem Leiden?

Und hab ich mich dann festgelegt,
mein Ziel erkannt, so scheint es mir,
doch in die falsche Richtung mich bewegt,
gibt's dann noch eine weit're Tür?

Das ist in Vielfalt zu bejahen.
Beginn die Suche nur erneut.
Es werden Möglichkeiten nahen,
von denen eine dich erfreut.

Unter Sternen

Unter Sternen
Will ich wandeln
Meine Wege gehen
Will ich hoffen
Sehnsuchtsvoll erbeten
Eines neuen Tages Licht

Unter Sternen
Will ich träumen
Von kindischfroher Freiheit
Will ich fühlen
Des Frühlings ureigne Kraft
In meinem trüben Sinnen

Unter Sternen
Will ich ruhen
Von des Tages Last
Will ich streben
Nach neuen Kräften
Jenseits meiner Furcht

der blüten zweie

hab zwischen den regalen
hinter der ausgestreckten hand
ein altes lächeln blitzen sehen
und solche schwarzen augen
die kannt ich noch von andren, blauren, zeiten . . .

ja. jener schemen, der an alledem
dranhing wollte einst zum monde
gehen und zurück und wieder
auf freisten, leichten, freiersfüßen
- durchfurchter mond, du
unser graues band . . .

. . . etwas erinnern spielt um frische falten.

und da ich später, mit der pizza
an der kasse stehe, denke ich
an gänzlich andres. etwa wie
sommers spät, wenn raue winde wehen
auf welken mohn sich zarte tränen senken

Die flüssige Welt

Die Welt in tausend Teilen,
dringt durch jeden Regentropfen.
Eine dicke Staubschicht liegt auf ihr.
Der Blick zurück wird abgestraft.
Ist's das Gewissen oder der Verstand?

Die Welt, sie fließt hinab um sich zu sammeln.
Schillernd grün und braun und weiß.
Schäumend steigt Verlockung auf.
Zieht am Gewissen, am Verstand.

Und Stimmen, die sich je erheben,
mahnen nicht hinein zu sinken.
Ach, wüssten sie von dieser Welt,
sie würden folgen, auf dem Fuß.

"Bleib nicht in ihr, komm schnell heraus!"
Der Boden und die Wände - Glas.
"Hier oben ist die Rettung. Sieh!"
Ausschließlich Flügel können helfen.

Ein Tau, es reicht so weit hinab,
doch mühsam ist der kleinste Faden.
Die Welt zieht durch den Rauchabzug.
Ein Meer voller Entrückung bleibt.

Wegeunfall

Mit Siebenmeilenstiefeln
auf anliegerlosem Weg
denkberuhigt und sorgenbefreit
die Lebensassistenz gibt grünes Licht
sie sagt nimm die Beine in die Hand
dann kannst du nicht stolpern
denn der nächste Schritt
geht aus dir heraus

© Vanessa Kaufmann

Brückenzauber

Ich stehe auf der Brücke,
ihr Schwanken macht mir Angst.
Ich möcht ans andere Ufer,
ich wag es noch nicht ganz.

Das alte Ufer ruft mich,
kehr um und komm zurück.
Was soll ich denn nur machen,
wo ist mir hold das Glück.

Bis zu der anderen Seite
ist schwer der Weg und weit,
werd ich es auch heil schaffen,
bin ich dafür bereit?

Was wartet dann dort drüben?
Es ist so fremd und fern.
Was lauern für Gefahren?
Bequem wär`s, umzukehr`n.

Plötzlich hör ich ein Wispern,
ein wunderschöner Laut
schwebt hoch aus Wassers Tiefe,
er klingt mir so vertraut.

„Du sollst wie ich stets fließen,
s` ist göttliches Gebot,
das Leben ist stets Wandel,
der Stillstand ist der Tod.

Drum zieh dein altes Kleid aus;
es ist dir viel zu klein,
du gehst ja schon längst schwanger;
spürst jetzt der Wehen Pein.

Was neues zu gebären
braucht Mut, gepaart mit Schmerz,
doch darin liegt der Zauber
für Menschheit suchend` Herz".

Ganz langsam geh ich weiter,
jedoch mit festem Schritt,
ich bin ja nicht alleine,
ich nehm mich selber mit.

Lyrik aus dem Sperling-Verlag

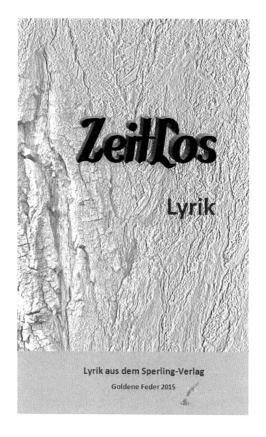

ZeitLos
Goldene Feder 2015
Lyrik
144 Seiten, gebundene Ausgabe
978-3-942104-33-3
€ 11,80

Randerscheinung
Lyrik
120 Seiten, Softcover
978-3-942104-08-1
€ 8,90

wortgefecht
Lyrik
136 Seiten, Softcover
978-3-942104-18-0
€ 9,80